보리수잎·쉰

불제자의 칠보七寶

소마 스님 지음 | 민병현 옮김

고요한소리

Treasures of the Noble

Soma Thera

1965, Bodhi Leaves No. 27
Buddhist Publication Society
Kandy, Sri Lanka

이 도서의 국립중앙도서관 출판예정도서목록(CIP)은
서지정보유통지원시스템 홈페이지(http://seoji.nl.go.kr)와
국가자료공동목록시스템(http://www.nl.go.kr/kolisnet)에서
이용하실 수 있습니다. (CIP제어번호: CIP2018028378)

일러두기
· 이 책에 나오는 경經의 출전은 영국 빠알리성전협회(PTS)
  에서 간행한 로마자 본 빠알리 경임.
· 로마자 빠알리어는 이탤릭체로 표기함.

차 례

불제자의 칠보七寶[1]

부처님의 고귀한 제자들의 재산은 금은보석이
나 진주도 아니고 그렇다고, 주택이나 논밭도 아
니다. 더구나 세속적 권력이나 명예와 관련된 것

---

1 〔역주〕이 글은 《증지부》 〈재산Dhana 품〉(7:1~7:10)을
바탕으로 하고 있다. 여기서 빠알리어 '다나Dhana'는 일반
적으로 재산의 의미인데 저자인 소마 스님은 treasures라
고 표현하고 있어 문맥에 따라 재산 또는 보배라 옮기기로
한다. 세간에서 귀히 여기는 칠보는 ①《무량수경無量數經》
에서는 금·은·파리玻璃·마노瑪瑙·거거硨磲·유리·산호,
《법화경法華經》에서는 ②금·은·마노·유리·거거·진주·
매괴玫瑰, ③전륜성왕轉輪聖王이 가지고 있는 일곱 가지
보배는 윤보輪寶·상보象寶·마보馬寶·여의주보如意珠寶
·여보女寶·장보將寶·주장신보主藏臣寶를 이른다.

은 물론 아니다.

법에 대한 확신, 계행, 부끄러움, 두려움, 배움,
베풂 그리고 바른 견해
이것이 고귀한 불제자가 지니는
일곱 가지 재산[七寶]이다.
이러한 재산을 지닌 이는 가난하지 않고,
귀중한 것을 결여한 삶이 되지 않는다.

그러므로 견해가 확고한 그는,
신행, 계행, 청정 그리고 진리에 대한 통찰을
얻기 위해
부지런히 힘쓰고
'깨달은 이'의 법을 늘 챙긴다.

한번은 꼬살라 왕의 수석 대신인 육가*Ugga*가
세존이 계신 곳으로 와서 경배 드리고 한쪽 곁에
앉았다.

한쪽 곁에 앉은 수석 대신 육가가 세존께 말씀
드렸다.

"세존이시여, 로하나의 손자 미가라의 재산, 보
물, 소유물이 얼마나 많은지 엄청나고 놀랍습니다."

"육가여, 미가라가 가진 보물이 얼마나 많으며
그의 부가 얼마나 크다는 것인가?"

"금만 해도 십만 금이나 가지고 있습니다. 물론
은은 말할 것도 없고요."

"육가여, 여래는 세상에 그와 같은 재산이 있다
는 것을 부정하지 않는다. 그러나 육가여, 그런
재산은 흔히 불, 물, 왕, 강도, 마뜩찮은 상속자들
에게 빼앗길 수 있는 것들이다. 그러나 불, 물,

왕, 강도, 마뜩찮은 상속자들에게 쉽게 빼앗기지
않는 일곱 가지 재산이 있다. 그 일곱 가지는 무
엇인가? 그것은 법에 대한 확신, 계행, 부끄러움,
두려움, 배움, 베풂, 그리고 바른 견해이다."

> 법에 대한 확신, 계행, 부끄러움, 두려움, 배움,
> 베풂, 그리고 바른 견해
> 이것이 고귀한 불제자가 지니는 일곱 가지 재
> 산이다.
> 이러한 고결한 재산을 지닌 남녀는
> (물질적으로 가난해도) 가난한 것이 아니며
> 신들이나 인간들의 세상에서 잃을 것이 없다.
>
> 그러므로 견해가 확고한 사람은
> 신행, 계행, 청정 그리고 진리에 대한 통찰을

얻기 위해
부지런히 수행해야 하며
'깨달은 이'의 법을 늘 마음에 새겨야 한다.

　불제자는 이러한 재산을 얻기 위하여 마땅히 부
처님의 법을 혼신을 다해 따라야 한다. 옛 현자들
도 이와 같이 말했다.

완전한 그분의 교법이 없다면
아버지인들 어머니인들 어쩔 손가.
교법이 그대의 귀의처이고 의지처이다.
그대의 진정한 보금자리는 교법 안에 있으니
교법을 들으라, 교법을 사유하라.
그리고 교법에 따라 살아가라. 딴 짓일랑 그만
두고.

법에 대한 확신〔信 *Saddhā*〕

고귀한 불제자는 여래의 깨달음〔正等覺〕에 대해 다음과 같이 확신한다.

여래야말로 아라한〔應供〕이며, 완전히 깨달은 분〔正等覺者, 正遍知〕이며, 지혜와 실천을 구족하신 분〔明行足〕이며, 피안으로 잘 가신 분〔善逝〕이며, 세간을 잘 알고 계신 분〔世間解〕이며, 가장 높은 분〔無上士〕이며, 사람을 잘 길들이는 분〔調御丈夫〕이며, 하늘과 인간의 스승〔天人師〕이며, 깨달은 분〔覺者〕, 세존世尊이시다.

《증지부》 7:6

확신은 부처님 법의 바다로 들어가는 입구이고,

법에 대한 지식은 우리를 싣고 법의 바다를 항해
하는 배라고 한 위대한 불자 저술가는 말했다..

부처님이 말씀하신다.

"아난다여, 법을 들어야 하겠다고 생각하는 친
구나 동료나 일가친척이 있다면 그들이 이 처소
에 자리 잡고 마음을 붙이고 믿음을 굳힐 수 있
도록 해야 한다. 어떤 처소인가? 부처와 법과 승
가에 관한 현명한 확신에 자리 잡고 마음을 붙이
고 단단히 다질 수 있도록 해야 한다. 아난다여,
지·수·화·풍 사대는 변할지언정 불·법·승에
대한 지혜로운 확신을 갖춘 고귀한 제자들은 변
하려야 변할 수 없다. 하물며 고귀한 불제자가 지
옥이나 축생계, 아귀계에 재생하는 일이 어찌 있

을 수 있으랴."

가장 으뜸가는 종류의 확신은 갈애를 끝낼 때 얻게 되는 그 평화, 즉 열반의 실현과 연결되어 있는 실제적인 것들에 대한 확신이다. 불·법·승이 바로 열반과 가장 밀접한 관계가 있는 실제적인 보배로서 이 세상의 모든 보배 중 최고의 보배인 이들 삼보三寶야말로 불자의 마음속에 가장 큰 확신을 불러일으킨다.

우리가 내면적 발전을 잘 이루지 못하는 까닭은 무엇보다도 진리에 대한 확신이 결여된 탓이다. 확신을 결여한 비구는 계행에서 벗어나게 된다고 한다. 그런 비구는 모든 선善에 무감각해지며 부처님의 법과 계율에 견고히 자리 잡을 수 없다.

확신은 고귀한 불제자의 일곱 가지 재산 가운데 첫 번째로 꼽히며 정신력〔五力〕 중 첫째 힘이고 마음의 제어 기능〔五根〕 중에서 첫째 기능이다. 확신이라는 자석은 주위에 정진력, 부끄러움과 두려움을 아는 능력, 바른 마음챙김, 집중, 지혜 등 고귀한 마음의 많은 특성들을 끌어당겨 자기장〔磁氣場〕을 형성한다.(《증지부》 7:3)

부처님의 완전한 깨달음〔無上正等覺〕에 대한 믿음이 강한 이에게는 감각적 욕망, 악의, 해태와 혼침, 들뜸과 불안, 의심이라는 다섯 장애가 가라앉고 강력한 감정들은 흩뜨려져 마음이 환하고 맑아진다. 스승이신 부처님과 진리에 대한 확신을 잃지 않는 한, 불제자가 악처에 떨어질 염려가 없다. 세상의 온갖 영향력과 외부로부터 미쳐오는

갖가지 유혹이나 번뇌에 떠밀려 바른 길〔八正道〕에서 벗어나게 된다면 그것은 선善에 대한 의심에 사로 잡혔다는 표지이다. 부처님은 제자가 신심을 일으키는 데 실패하고 있으면 그를 주시하지만 스스로 자신을 추슬러 방일해질 위험을 극복했다 싶으면 주시하기를 멈춘다고 말씀하신다.

법에 대한 확신은 선행의 공덕을 모으는 손이고, 행복을 성취시키는 자산이고, 불사不死, 즉 열반이라는 과실을 수확하기 위한 씨앗이다. 그렇기 때문에 역대 부처님들은 법에 대한 확신을 극구 찬탄하여 여래의 교법이 요구하는 제자의 필수 자질로 간주해왔다.

법에 대한 확신은 도덕적으로 선한 목적에 대

한 일시적인 납득이나 믿음에서 시작하여 불·법
·승 삼보를 확고부동하게 믿게 됨으로써 절정을
이룬다.

계행戒行 *Sīla*

선善은 세상에서 가장 좋은 것이며
'지혜로운 이'야말로 으뜸.

천상계에서건 인간계에서건
모든 승리는 선과 지혜에서 솟아난다.

《장로니게》

고귀한 불제자는 살생, 도둑질, 음행, 거짓말,

음주를 삼간다. 이를 일러 계행이라는 재산이라
한다.

《증지부》 7:6

계행은 고苦를 멸하게 이끌어주는 팔정도를 닦
아 나아갈 수 있도록 힘을 준다. 불선은 늪과 같
아서 일단 빠지면 그 안으로 가라앉지 않을 수 없
다. 그리고 일단 불선에 빠져 휩싸여 버리게 되면
그 사람은 깨달음의 인자를 계발하려야 할 수 없
게 되어 버린다. 계와 수행자의 관계는 마치 지구
와 지구에 사는 인간의 관계처럼 불가분이어서 어
디까지나 수행자는 계가 뒷받침되어야 한다. 계행
은 본질적으로 절제이고, 정定의 본질은 산만하지
않음이며 혜慧의 본질은 통찰이다.

자신이나 다른 사람의 행복을 해치게 되는 생각
이나 말이나 행동을 하지 않는다면 그런 사람은
마음이 스스로를 망치는 것을 제어하고 있는 셈이
된다. 자신의 생각, 느낌, 인식, 의도를 면밀히 살
피는 사람은 자신의 타고난 마음이 다듬어지지 않
은 탓으로 해로운 일 쪽으로 기울게 된다는 것을
알게 될 것이다.

　'계를 갖춘 이가 하는 일은 마음이 자신을 지배
하지 못하도록 그리고 자신이 마음을 지배하도록
힘을 모으는 것이다.'

　계행은 고가 멸한 최상의 행복 즉 열반에 이르
기 위해서 필수적일 것은 물론이요 세속에서 평안
한 삶을 위해서도 꼭 필요하다. 계를 지키는 이는
부지런해져서 큰 부를 축적하고, 그의 좋은 평판

이 널리 퍼지고, 모임에 당당하게 참여하고, 마음을 챙긴 채 죽음을 맞고, 죽음을 계기로 행복한 존재〔善趣, 人天〕로 다시 태어난다고 부처님은 말씀하신다.

계를 지키는 삶은 저 가증스런 오염원들을 제거해버려 미덕으로 가득 찬 삶이 된다. 계를 지키지 않는다면 짐승과 무엇이 다르랴. 꿋꿋하고 맑은 자질이 없으면 인간은 부패하기 마련이라 자신에게도 남에게도 도움이 되지 못한다. 부처님 교법을 따르면 살생을 삼가게 되어 '자비심'이 증장하고, 도둑질을 삼가게 되어 '정직성'이, 잘못된 성적 행위를 삼가게 되어 '순결성'이, 거짓말을 삼가게 되어 '진실성'이, 독한 술이나 정신을 흐리게 하는 약물 따위를 삼가게 되어 '맑은 정신'이 증장한다.

이로써 이 교법의 체계의 위대성이 입증된다.

계행이 바른 사람은 서두르는 법이 없다. 어떤 상황에서도 느긋하다. 언제나 잘 생각해서 일을 처리하기에 언제 어디서든 주인답게 처신을 하지 종노릇은 않는다. 그는 고결한 품성이라는 튼튼한 요새를 지어서 '마아라*māra*' 따위가 범접할 수 없는 곳에서 산다. 이렇게 사는 사람들은 당연히 감각 기능들을 잘 지키게 되기 때문에 기력을 잘 보존 비축하게 되고 또 이를 적절하고 유용한 행위에 쓰게 된다.

지계持戒는 광신적이거나 폭력적이거나 탐욕스럽거나 독선적이거나 다른 사람의 행복을 배려하지 않는 마음속에서는 증장될 수 없다. 실제로 우리가 계를 지켜야 하는 이유 중의 하나는 친절하고 사려 깊고 헌신적인 행동을 함으로써 다른 사람들에게 두려움 없는 마음을, 무외시無畏施[2]를 안겨주려는 것이다. 아무리 향긋한 꽃향기도 바람의 방향을 거스르지 못하지만 계를 잘 지키는 삶은 온 사방으로 영향을 미치고 그러한 사람의 추억은 오래오래 세상을 살맛나게 만든다.

부끄러움과 두려움〔慙愧 Hiri-ottappa〕

고귀한 불제자는 부끄러워할 줄 아는 마음을

---

2 〔역주〕무외시無畏施 : 남을 공포에서 헤어나 안심하도록 도우는 것. 세 가지 보시에는 법보시·재보시·무외시가 있음

갖추고 있어서 생각과 말과 몸으로 하는 잘못을
저지르는 것을 부끄럽게 생각하고, 악하거나 나
쁜 짓 하기를 부끄럽게 여긴다. 이것을 '부끄러워
할 줄 아는 마음'이라는 재산이라 한다.

고귀한 불제자는 두려워할 줄 아는 마음을 갖
추고 있어서 생각과 말과 몸으로 하는 잘못을 저
지르는 것을 두려워하고, 악하거나 나쁜 짓 하기
를 두려워한다. 이것을 '두려워 조심하는 마음'이
라는 재산이라 한다.

《증지부》 7:6

부끄러움은 주로 자기를 존중하는 마음과 관련
있고, 두려움은 현자의 경책을 두려워할 줄 아는
마음과 관련 있다. 부끄러움과 두려움이라는 두

자질은 사바세계의 안전장치라고도 한다. 부끄러
움과 두려움이라는 양명한 자질을 지닌 진실하고
선량한 사람들을 가리켜 사바세계의 신과 같은 존
재라고 일컫는다.

사람들이 고상한 행위를 하게 되는 것은 사실은
안으로는 부끄러워할 줄 알고 바깥을 향해서는 두
려워할 줄 알기 때문이라 하여 저 비길 데 없이 지
혜로운 스승이시고 사표이신 모든 부처님들도 이
들 두 가지 자질을 항상 찬탄하여 마지 않으셨다.

이 두 자질을 구족한 이는 스스로 방일해지거나
길을 벗어나는 일이 없도록 조심한다. 그는 잠시
라도 방심하는 일 없이 한결같이 자신이 해야 할
바를 똑바로 자각한다. 먼저 이렇게 생각한다.

"잘못된 행동, 생각, 말은 내게 어울리지 않는
다. 나야말로 부처님과 불법을 따르는 제대로 배
운 제자가 아닌가. 그뿐인가. 나는 고귀한 삶을
함께 하는 도반들에게 신의를 지키거늘, 도반들이
내가 올바른 일을 할 걸로 믿는데 어찌 그른 일을
할 수 있으리오. 그릇된 일을 하거나 올바른 일을
소홀히 하면 그것은 부처님과 법을 따르며 경의를
표하는 길이 아니다. 그런 태도로 행동한다는 것
은 단연코 스승과 스승이 가르친 법을 무시하고
무례를 범하는 것이다.

계행을 닦아 다섯 자질인 '자비심', '정직성', '순결
성', '진실성', '맑은 정신'을 발전시킬 때 비로소 나
는 모든 존재에게 무외시無畏施를 베풂으로써 세간
을 섬기고 스승과 스승의 가르침을 기리게 된다."

한편 이처럼 스스로 안으로 부끄러워할 줄 알아

바르게 계를 지키고 그 공덕을 거두는 사람은 밖으로도 두려워할 줄 알아 그릇된 행위가 금생과 내생에 가져올 과보를 두려워한다.

부끄러움과 두려움을 구족한 사람은 고매한 행동 기준을 갖게 된다. 그는 목적을 달성하기 위해 쓰는 수단에 대해서도 결코 부주의한 법이 없다. 그에게 결과만 좋으면 수단은 상관없다는 말은 통하지 않는다. 수단 역시 깨끗하고, 비폭력적이고, 진실 되며, 진지하고, 정직해야 한다.

그는 그 어떤 것도 심지어 여래, 정등각자, 세존이신 그분의 법이나 율을 방어할 때조차도, 정직하지 못하거나 극단적이거나 진실 되지 않는 방법은 쓰지 않을 것이다.

그는 해침을 당해도 보복하지 않을 것이다. 보

복은 옳지 않은 행위라고 세존께서는 〈톱의 비유경〉(《중부》 21경)에서 가르침을 주셨다. 그 가르침에서 이렇게 말씀하신다.

　　만약에 악랄한 강도가 양쪽에 날이 달린 톱으로 사지를 잘라낸다고 하더라도 그 때문에 원망하는 마음이 생긴다면 그는 나의 가르침을 수행하는 자가 아니다.

부끄러움과 두려움을 고루 갖춘 사려 깊은 사람은 언제나, 특히 힘든 시기일수록 큰 스승님의 이 가르침을 마음에 새기고 자신을 해하려는 상대를 연민으로 대한다.

부처님의 가르침을 실제로 지켜내려면 '보편적

자애관'을 닦아야 한다.3 진정한 부처님의 제자는 자신들이 무슨 짓을 하는지 알지 못하는 저들 어리석은 무리를 대하면 대할수록, 더욱더 커지고 고상해지고 그 어떤 적의도 악의도 떨쳐내어 가없이 넓어진 연민의 마음으로 대하게 될 것이다.

배움〔多聞 *Suta*〕

세존께서 말씀하셨다.

많이 배우고 배운 것을 마음에 새기는 사람이 고귀한 제자이다. 이런 제자가 더할 나위없게 완

---

3 〔역주〕《자비관》과 그 부록 〈자애경〉, 〈고요한소리〉, 법륜 여덟 참조.

벽하고 빈틈없이 청정하고 거룩한 삶을 설하는 교의를, 함의 깊고 잘 표현되어 처음도 중간도 끝도 훌륭한 교의들을 배우고 마음에 새기고 암송하고 숙고하고 그래서 바른 견해로 꿰뚫어 보게 되면 이것이 바로 배움이라는 재산이다.

《증지부》 7:6

인류가 일찍이 들어본 적 없는 최상의 배움, 모든 배움의 완결판이 될 '배움'이 이 말씀으로 설해진 것이다.

부처님이 설하신 '배움' 이외의 다른 공부는 우리를 고苦의 멸로 이끌어주지 않는다. 오히려 더한 고통, 갈구, 결핍으로 이끄니 구체적으로 말하자면 그것은 다시 계속 태어나게 하고, 질병, 노

쇠, 원하지 않는 이와의 만남, 사랑하는 이와의
헤어짐, 그리고 실망으로 이끌 뿐이다. 다른 공부
는 세속적이고 결점이 많고 불완전하고 불만스러
울 따름이다. 깨달으신 분 부처님은 일체가 무상
하고, 일체가 고이고, 일체가 자신의 통제력 밖이
니, 오로지 자아에 대한 갈애를 놓는 길만이 일체
고를 통제하는 유일한 길이라고 설하셨다.

따라서 고에서 벗어나는 길에 대한 가르침이 고
귀한 불제자들의 각별한 공부처가 될 수밖에 없
다. 이 가르침에 대해 더 자세히 듣고 터득하는
것이 부처님 가르침을 따르는 제자가 할 공부이며
그런 제자에게 부처님은 당신이 깨친 내용을 이렇
게 정리하여 가르친다.

일어나는 것은 모두 사라지고, 시작이 있는 것
은 끝이 있다. 그러나 일어나지 않는 것은 사라지
지 않는다. 시작이 없는 것은 끝남도 없다.

오늘날 고귀한 불제자가 정통한 배움을 터득할
수 있는 것은 빠알리 경전에 실려 있는 부처님의
실제적인 가르침을 통해서이다. 빠알리 경은 대승
경전(마하야나*Mahāyāna*)에 보이는 모호성이 없으
며 부처님의 가르침이 가장 완전하게 기술되어 있
으며 부처님의 말씀이 기록된 것 중 가장 오래된
것이다.

고귀한 불제자의 경전 공부는 여느 세속인들이
부처님의 말씀을 배우는 것과 다르다. 고귀한 불
제자가 교법을 부지런히 실천하고 거기서 그치지

않고 연구 검토함으로써 가히 몸과 마음으로 불법을 익힌다. 반면 세속인은 가르침을 알음알이로 파악할 뿐 실생활에 별로 적용하려 들지 않기 때문에 법에 대한 이해가 얕을 수밖에 없다. 법을 제대로 공부한다면 인생을 달관하여 세간사에 대한 집착을 내려놓고 세간을 등질 수 있을 정도가 되어야 한다. 그래야 공부의 이득을 크게 거두었다고 말할 수 있을 것이다.

부처님은 말씀하신다.

세속적 쾌감을 즐기고 세속적 사고에 탐닉하고 세속적 열정을 태우고 세속적 문제에 열중하며 세속적 목표로 가득한 자는, 결코 '욕망을 내려놓음(出離 nekkhamma)'을 통해서만 알게 되고 보게 되고 얻게 되고 실현해야 하는 것, 즉 법法을

알고, 보고, 얻고, 실현할 수 없다. 그것은 불가
능하다.

베풂 *Cāga*

고귀한 불제자는 재가의 생활을 하는 중에도
인색함의 때가 묻지 않아 관대한 생각을 하면서
산다. 아낌없이 베풀어마지 않는 청정한 그의 손
은 항상 보시할 준비가 되어 있다. 공양 올리기를
즐겨하여 헌신적으로 베풀고 나누면서 행복해한
다. 이것이 '베풂'이라는 재산이다.

《증지부》 7:6

인색하여, 무관심하여

그때 그때 보시가 이루어지지 않는 것이다.
정녕 현명하고 공덕 쌓기를 바라는 이만이
베풀 수 있는 것이다.
아무리 가진 것이 적어도 베푸는 이는 베푼다.
아무리 가진 것이 많아도 베풀지 않는 이는 베
풀지 않는다.
가진 것이 없음에도 베푼 보시는
천금을 주고 사서 베푸는 보시와 같다고 본다.

보시는 전투와 같다고 한다.
소수의 선인이 다수를 압도할 수도 있기에.
선에 대한 믿음으로 적은 것이라도 베푸는 이는
그 보시 공덕으로 내생에 행복할 것이다.

불자가 생활하는 기본자세인 '내려놓음〔出離〕'은

베풂을 실천하는 데서 시작된다. 우선 깨달음을
간절히 바라는 사람은 자신이 가진 소유물을 내놓
는 일부터 익힌다. 그다음으로 스승이신 부처님의
길을 따라 자신의 몸에 대해 집착하지 않는 것을
배우는 것이다. 부처님이 아직 구도의 길을 걷던
보살이었을 때, 지고의 선을 성취하기 위해 필요
한 덕목인 바라밀波羅蜜을 완성하려고 자신이 귀
하게 여기던 모든 것을 내려놓으셨을 뿐 아니라
자신의 팔다리도 내어놓고, 목숨까지도 내어놓으
셨다. 깨달음을 향한 전 과정은 베풂으로 장엄되
어 있다. 열반을 향해 분발하는 사람이 내려놓지
못할 것은 아무것도 없다.

베풂을 통해 사람은 남들로부터도 존중받게 되
어, 평화롭고 고귀한 마음씨의 동료들을 만나게

된다. 베풀기 좋아하는 사람의 평판은 널리 또 멀리 퍼져나가서 그는 당당하게, 주저하지 않고 어떤 모임에도 참가하게 되고, 또 죽으면서도 자신이 다음 생에 '베풂'이라는 재산을 가져간다고 생각하면 행복할 수밖에 없을 것이다. 주는 것은 눈에 안 보이는 재산을 기증받는 것과 같다는 생각은 동양에만 국한된 것은 아니다. '베풂'은 서양에서도 매우 높은 덕목으로 존중받아왔으며 지금도 그러하다.

기번의 《로마제국 쇠망사》에 따르면 데번의 백작 에드워드의 비문에 다음과 같이 씌어 있다.

내가 써버린 것은 내가 갖고 있었던 것이고
내가 남겨놓은 것은 내가 잃은 것이다.

지금 내가 갖고 있는 것은 내가 베푼 것이다.[4]

　서양에서 위대한 보시자들의 계보는 손상되지 않고 계속 이어지고 있다. 한편 역사의 기록을 살펴보면 아소카 대왕처럼 동서양의 어떤 왕들도 비길 수 없는 대시주자가 있는가 하면 위대한 급고독장자(아나아타삔디까*Anāthapiṇḍika*)처럼 자신의 모든 것을 내놓아 세상 사람들을 이롭게 하고자 애쓴 훌륭하고 장한 사람들이 많이 등장한다.

　이처럼 동양에서 불법*Dhamma* 지혜의 전통이

----

4 〔역주〕에드워드 코트니Edward Courtenay(1527~1556), 데번의 초대 백작의 비문의 원문은 다음과 같다고 한다. "What we gave, we have; what we spent, we had; what we left, we lost"(《로마제국 쇠망사》 Harper's Edition 1829. 4권 214쪽)

흔들리지 않듯이 보시의 전통 역시 흔들림이 없
다. 그렇기는 하지만 개인의 욕구를 줄이고 욕망
을 덜어내고자 애쓴다면 보시의 전통은 더 공고해
지고 더 고귀해질 수 있을 것이다. 타인의 고통에
는 아랑곳하지 않고, 돈이나 소유물, 권력, 지위
따위를 움켜쥐려는 욕망은 낱낱이 부수어야 한다.
부처님은 어떤 상황에서도 타인의 고통에 눈을 감
아서는 안 된다고 하셨다. 인간이 열반을 추구하
게끔 되려면 대분발심*saṁvega* 5이 필요한데 이런

---

5 〔역주〕 분발심 : 분발심은 빠알리어 *saṁvega*인데 "방일하
  지 말고 잠시도 해탈·열반을 향한 정진을 늦추지 말라"는
  부처님의 마지막 유훈에서 보듯이 불법을 듣고 세상의 모
  든 존재는 고통을 겪을 수밖에 없다는 바른 견해가 생겨나
  서 반드시 정법을 닦아 해탈·열반으로 나아가야겠다고 인
  식한 상태를 뜻한다.

분발심은 온 세상이 어떻게 고苦에 예속되고 있는
지 똑똑히 보고, 그 본 바를 저버리지 않고 실제
로 놓아버리기를 실천할 때 생겨난다.

　내려놓음[出離]의 중요성은 불법 안에서뿐만 아
니라 밖에서도 끊임없이 강조되어 왔다. 마이스터
에크하르트6는 이렇게 말한다.

　"여보게나! 그대 자신부터 내려놓지 그래. 그래
서 수월히 덕도 펴고 상도 타게나. 그러지 않고
계속 자신에게 집착하다가는 고생고생해서 좋은
일을 해도 끝내 상을 놓치고 말 것이네. … 버리
고 떠난 이, 그리고 모두 내맡겨버린 이7는 자신

----

6 〔역주〕 마이스터 에크하르트(1260경~1328) : 독일의 신
　학자, 신비주의 사상가

이 이미 버린 대상들에 대해 다시 눈길을 주지 않
는다네. 그의 내면은 흔들림 없이 확고부동하니
그런 사람이야말로 자유로운 사람이라네."

이처럼 베풂의 수행은 불선한 행위, 불선한 생
각, 불선한 견해를 넘어서고자 결심한 사람을 내
려놓음〔出離〕에 숙달되게 함으로써 '흔들림 없는
마음의 해탈〔不動心解脫〕'로 이끈다.

　　모든 감각적인 것에 대한 열정을 버림으로써
　　아만으로부터,

----

7 〔역주〕 마이스터 에크하르트의 초탈Abgeschiedenheit과 초
연Gelassenheit의 두 개념을 뜻하는 것으로 보임. 《마이스
터 에크하르트의 영성 사상》(길희성 저, 분도출판사) 참조.

색계·무색계 존재에 대한 열망으로부터,

모든 들뜸, 모든 형태의 어둠, 무지〔無明〕로부터

벗어나게끔

갈애의 불길이 완전히 꺼질 것이다.8

바른 견해〔正見 Sammā-diṭṭhi〕

고귀한 불제자는 바른 견해9를 지니고 있다. 그

---

8 〔역주〕인간을 윤회의 고에 단단히 묶고 있는 열 가지 족쇄
  중 다섯 족쇄〔上五分結〕를 풀어버려 구경해탈을 성취함.

9 〔역주〕〈재산 경Dhana-Sutta〉《증지부》7:5)에 의하면 일곱
  가지 재산의 마지막 항목은 빼알리어로 빤냐paññā 慧로 되어
  있는데 저자인 소마 스님은 바른 견해Sammādiṭṭhi right
  understanding로 표현하고 있다. 삼마아디티티Sammādiṭṭhi는
  팔정도의 첫 번째 항목으로서 일반적으로 바른 견해로 옮긴다.

는 모든 현상의 생과 멸을 아는 바른 견해를 갖
추고 있고, 고품의 완전한 소멸로 이끄는 뛰어난
통찰지를 갖추고 있다.

《증지부》 7:6

생의 본질에 대한 이해가 완성될 때 우리는 부
처님 가르침의 최고봉에 도달했다고 할 수 있다.
그리고 그러한 바른 견해를 돕는 것은 무엇이든
지혜[慧]에 포함된다. 이 바른 견해라는 재산은 고
귀한 불제자의 재산 중 가장 소중한 재산이다. 바

한편 팔정도의 바른 견해와 바른 사유는 지혜의 무더기인
혜온慧蘊에 들어가므로 저자는 지혜의 구체적 협의적 실천
적 면을 강조하기 위해 정견正見 right understanding이라
한 것 같다. 여기서는 문맥에 따라 '바른 견해'와 '지혜'로
옮기기로 한다.

른 견해가 없이는 생성[有]의 범위, 존재의 굴레를
넘어서는 것은 불가능하다. 생성의 종식이라는 행
복을 누릴 수 있기 위해서는 그리고 그런 행복에
도달하려 노력하기 위해서는, 무상無常에 대한 이
해, 고苦에 종속되어 있음에 대한 이해, 유정물의
구성요소 그 어디에도 자아는 없음[無我]에 대한
이해가 증장되어야 한다.

　일어나고 사라지는 모든 것은 다름 아닌 고가
일어나고 사라진다는 것임을 아는 사람은 다른 사
람의 말에 근거한 것이 아니라 자신의 직접적인
지각을 통해서 지혜가 굳건히 확립된 사람이다.
고와 무상의 실상에 대하여 직접적 지각을 가진
이가 바른 견해를 갖춘 사람이다. 부처님 가르침
에 따라서 공부하려는 사람이 불·법·승 삼보에

귀의하고자 결심한다는 것은 곧 이 바른 견해에
도달하고자 결심하는 것이다.

부처님의 법에서 사람들이 최종적으로, 완전하
게 청정해지는 것은 계戒나 정定에 의해서가 아니
라 바른 견해〔慧〕에 의해서이다. 계와 정은 바른
견해를 얻기 위해 마음을 준비시키는 필수요건이
다. 그러므로 부처님은 바른 견해로 생을 사는 삶
을 가장 훌륭한 삶이라고 칭찬하셨다.

그런 삶은 어떻게 계발되는가? 바른 견해를 지
닌 사람과 사귀고, 바른 가르침을 받고, 오온五蘊으
로 구성된 존재가 만족스럽지 않음〔苦〕을 알게 되
는 등의 과정을 통해 계발된다. 부처님은 물질〔色〕
을 거품덩이에, 느낌〔受〕을 공기방울에, 인식〔想〕을

신기루에, 형성작용〔行〕을 파초 줄기에, 의식〔識〕은
마술에 견주어보도록 가르치셨다.

　부처님의 가르침에 따라 보게 되면 그는 모든
현상에 실체가 없다는 것을 깨닫게 될 것이며, 생
명에 집착하도록 묶는 마법에서 깨어나게 된다.
그러한 깨어남이 커져감에 따라 그는 자유를 점차
얻게 될 것이니 이것이 바로 좋은 가문의 자제들
이 출가까지 감행하여 추구해마지 않는 목표, 즉
갈애로부터의 자유이다.

　　법에 대한 확신, 계행, 부끄러움, 두려움, 배움,
　　베풂, 그리고 바른 견해〔慧〕,
　　이것이 고귀한 불제자가 지니는
　　일곱 가지 재산〔七寶〕이다.
　　이러한 재산을 지닌 이는

남자든 여자든 가난하지 않고

귀중한 것을 결한 삶이 되지 않는다.

《증지부》 7:5 〈재산 경〉

Saddhā-dhanaṃ sīla-dhanaṃ hiri-ottappiyaṃ

dhanaṃ suta dhanañ-ca cāgo ca paññā ve

sattamaṃ dhanaṃ.

Yassa ete dhanā atthi itthiyā purisassa vā

adaliddo'ti tam āhu, amoghaṃ tassa jīvitaṃ.

저자 소개

소마 스님Soma Thera

1898~1960. 20세기 중반 스리랑카를 중심으로 일어난 불법 르네상스 운동의 주역 급 가운데 한 사람. 1898년 스리랑카, 콜롬보의 가톨릭 집안에서 태어난 그는 10대 후반에 불법을 접하고 곧 콜롬보 재가 신자계에서 두각을 드러내기 시작했다. 1935년에 일본을 방문, 한문본《해탈의 길 Vimuttimagga》을 영역英譯하는 일에 참여했다가 다음 해 미얀마에서 도반 케민다 테라Kheminda Thera와 더불어 득도. 1937년에 스리랑카로 돌아와 1960년 입적하기까지 지칠 줄 모르는 불법 전수자로서 저술, 강연, 포교에 진력했으며 인도, 중국, 독일 등지에서 불법 포교에 헌신했다.

저서

The Way of Mindfulness:Satipaṭṭhana Sutta and Its Commentary(BPS)

The Removal of Distracting Thoughts(중부 20경의 영역英譯(WH No.21),

The Contribution of Buddhism to World Culture(WH No.44)

Faith in the Buddha's Teaching(WH No.262)

구도의 마음, 자유 - 깔라마 경*Kalama Sutta: The Buddha's
Charter of Free Inquiry*(WH No.8, 법륜. 둘)

미래의 종교, 불교 *Buddhism and World Peace*(BL No.
A.13, 보리수잎. 일곱)

〈고요한소리〉는

•   　　　근본불교 대장경인 빠알리 경전을 우리말로 옮기는 불사를 감당하고자 발원한 모임으로, 먼저 스리랑카의 불자출판협회(BPS)에서 간행한 훌륭한 불서 및 논문들을 국내에 번역 소개하고 있습니다.

•   　　　이 작은 책자는 근본불교.불교철학·심리학·수행법 등 실생활과 연관된 다양한 분야의 문제를 다루는 연간 물連刊物입니다. 이 책들은 실천불교의 진수로서, 불법을 가깝게 하려는 분이나 좀 더 깊이 수행해보고자 하는 분에게 많은 도움이 될 것입니다.

•   　　　이 책의 출판 비용은 뜻을 같이 하는 회원들이 보내주시는 회비로 충당되며, 판매 비용은 전액 빠알리 경전의 역경과 그 준비 사업을 위한 기금으로 적립됩니다. 출판 비용과 기금 조성에 도움주신 회원님들께 감사드리며 〈고요한소리〉 모임에 새로이 동참하실 회원을 기다리고 있습니다.

•   　　　〈고요한소리〉 책 읽기와 듣기는 리디북스(RIDIBOOKS)와 유나방송에서 만나볼 수 있습니다.

- 〈고요한소리〉 회원으로 가입하시려면,
  이름, 전화번호, 우편물 받을 주소, e-mail 주소를 〈고요
  한소리〉 서울 사무실에 알려주십시오.
  (전화: 02-739-6328, 02-725-3408)
- 회원에게는 〈고요한소리〉에서 출간하는 도서를 보내드리
  고, 법회나 모임·행사 등 활동 소식을 전해드립니다.
- 회비, 후원금, 책값 등을 보내실 계좌는 아래와 같습니다.

  국민은행 006-01-0689-346
  우리은행 004-007718-01-001
  농협   032-01-175056
  우체국   010579-01-002831
  예금주   (사)고요한소리

마음을 맑게 하는 〈고요한소리〉 도서

법륜 시리즈

단행본
붓다의 말씀

This translation was possible
by the courtesy of the Buddhist Publication Society
54, Sangharaja Mawatha P.O.BOX 61
Kandy, Sri Lanka

보리수잎 · 쉰

불제자의 칠보七寶

2018년 9월 20일 1판 1쇄 발행

지은이	소마 스님
옮긴이	민병현
펴낸이	하주락 · 변영섭
펴낸곳	(사)고요한소리
출판등록	제1-879호 1989. 2. 18.
주 소	서울시 종로구 인사동길 47-5 (우 03145)
연락처	전화 02-739-6328, 725-3408 팩스 02-723-9804
	부산지부 051-513-6650 대구지부 053-755-6035
	대전지부 042-488-1689
홈페이지	www.calmvoice.org
이메일	calmvs@hanmail.net
ISBN	978-89-85186-95-7

값 500원